BIBLIOTHEQUE MORALE

DE

LA JEUNESSE

—

1re SÉRIE GRAND IN-12

C'est le blé qui nourrit le monde;
car c'est avec le blé qu'on fait le pain.

D'OU VIENT

LE PAIN

PAR

L. JACQUARD

ROUEN

MÉGARD ET Cᵉ, LIBRAIRES-ÉDITEURS

1881

D'OU VIENT LE PAIN.

Paul et Marguerite Duval étaient deux beaux enfants. Ce qui vaut encore mieux, ils étaient bons et sages ; aussi avaient-ils obtenu, pour récompense, d'aller passer à la campagne la moitié de leurs vacances.

Elevés à Paris, ils en sortaient pour la première fois ; et, comme tout ce qui est nouveau a le don de plaire aussi bien aux enfants qu'aux gens qui se croient raisonnables, nos deux petits amis trouvaient que rien, dans cette grande et belle ville, ne valait le joli hameau et la riante maison qu'habitait leur oncle.

Il est vrai qu'à Paris, les enfants ont peu de liberté. On ne peut les laisser jouer dans les rues, sans cesse traversées par des voitures, ni même leur permettre de s'en aller seuls à l'école.

Les dimanches et les jours de congé, Mme Duval conduisait les siens dans quelque jardin public, au Luxembourg, aux Tuileries, au Jardin des Plantes; mais il leur était défendu d'y cueillir un fruit, une fleur, même d'y casser une petite branche, ou de courir sur les gazons.

Au village, quelle différence ! Ils avaient à leur disposition un grand jardin, où on les laissait libres de toucher à tout, excepté aux fruits verts, qui les auraient rendus malades. Puis, au bout de ce jardin, une porte basse, ménagée dans la haie, ouvrait sur un sentier qui serpentait entre les blés et conduisait à la prairie.

Dans les blés, qui commençaient à jaunir, et dont les épis, déjà lourds, s'inclinaient sous le vent, il y avait de quoi faire de bien beaux bouquets. C'étaient des coquelicots, des bluets, des scabieuses, des pieds d'alouettes, de la nielle, des marguerites, à fleurs moins larges, à tiges moins hautes que celles de la prairie. Et du milieu de l'herbe humide qui remplissait un fossé le long du sentier, la reine des prés s'élançait, portant haut ses belles touffes d'un blanc de crème, dont la vue charmait les deux enfants.

Ils allaient et venaient à travers les épis, non sans en écraser ici et là quelques-uns, sous leurs petits pieds. Ils en arrachaient même, de temps en temps, pour orner leurs bouquets; mais c'était sans songer à mal. Aussi furent-ils, un jour, bien surpris et bien confus, quand un homme, qui passait au bas d'un champ, s'arrêta pour les regarder et leur dit d'un ton de colère :

— Qu'est-ce que vous faites là, petits voleurs ?

— Nous ne sommes pas des voleurs, monsieur, répondit Paul, pendant que Marguerite se cachait en rougissant derrière lui.

— Vous n'avez pas le droit d'entrer dans mon champ, encore moins celui de cueillir mes épis, et voilà que vous en avez plein les mains.

— Pardonnez-nous, monsieur, dit Marguerite. Nous croyions que ces champs appartenaient à notre oncle, dont on voit la maison là-bas derrière les arbres. Vous le connaissez peut-être.

— Je le connais.

— Vous pourrez lui demander si nous sommes capables de voler quelqu'un.

La petite fille avait eu peur, et deux larmes roulaient sur ses joues.

Le paysan reprit d'un ton plus doux :

— Vous êtes les enfants de Mme Duval, ceux qu'on appelle ici les petits Parisiens. Ça ne m'étonne plus que vous arrachiez mon blé : vous ne savez pas ce que c'est. Si vous le saviez, vous n'en voudriez pas détruire un épi, quand même ce serait dans le champ de votre oncle. Ne pleurez plus, ma mie ; vous n'êtes pas des voleurs ; vous n'êtes que des ignorants.

— Des ignorants ! s'écria Paul en se redressant avec orgueil. Marguerite a eu deux prix la semaine dernière et moi j'en ai eu trois : lecture, écriture et calcul.

— J'avais tort. Vous êtes des savants, répliqua le bonhomme en riant. Mais on vous dira plus tard, mon enfant, que les plus savants peuvent encore apprendre quelque chose.

— Vous n'êtes plus fâché, monsieur, reprit Marguerite, en se rapprochant du paysan, et nous le sommes beaucoup d'avoir pris cette herbe dans votre champ.

— Ce n'est pas de l'herbe, ma fille, c'est du blé, et c'est le blé qui nourrit le monde ; car c'est avec le blé qu'on fait le pain. Ramassez les épis que vous avez jetés, et regardez ce qu'il y a dedans : beaucoup de petits grains, encore un peu verts, mais qui dans huit jours seront en pleine maturité. Ecrasez de ces grains entre vos petites dents. Voyez ! il en sort un lait déjà épais et un peu sucré. Ce jus va s'épaissir encore ; et quand le grain sera mûr, le lait sera devenu de la farine.

— Nous connaissons la farine, interrompit Marguerite. Maman s'en sert pour nous faire des beignets et des gâteaux.

— Les boulangers en font du pain, à Paris

comme ailleurs, et depuis le plus pauvre jusqu'au plus riche, nous avons tous besoin de pain.

— Mais il ne doit guère y avoir de farine dans un grain de blé, et rien qu'à Paris, on mange beaucoup, beaucoup de pain, dit Paul.

— C'est vrai ; mais il y a tant de grains de blé dans un champ, qu'il serait impossible de les compter. Cependant, il n'y en a pas encore assez, puisque beaucoup de pauvres sont obligés de mendier, faute de pouvoir acheter du pain.

— C'est donc pour cela que vous nous grondiez tout à l'heure d'avoir arraché quelques épis ? demanda Paul. On n'en aurait pas tiré de quoi faire un gros morceau de pain.

— Je le sais, mon ami ; mais si chaque enfant en détruisait autant que vous, il me semble que la perte serait énorme.

— Enorme..., répéta Paul. Je n'en ai peut-être pas cent grains,

— Vous en avez davantage, et le nombre des enfants est si grand, que bien des gerbes manqueraient à la moisson. Et si nous pouvions calculer la quantité de sacs que le blé ainsi gaspillé par ces folles petites mains produirait, si on le semait dans un champ bien préparé, nous serions effrayés de la masse de pain que ces enfants empêcheraient de fabriquer. Elle serait si grande, que bien des ménages en souffriraient.

— Nous ne cueillerons plus d'épis pour faire des bouquets, n'est-ce pas, Marguerite? dit Paul.

— Oh! non. Mais je voudrais bien savoir comment vous ferez, monsieur, pour retirer la farine de tous les grains de votre champ. S'il faut que vous les ouvriez les uns après les autres, ce sera beaucoup d'ouvrage.

— C'en serait trop, ma fillette, répondit

l'homme en souriant. Quand le blé est mûr, on le coupe et l'on en fait de grosses bottes qu'on nomme gerbes. Quand les gerbes sont bien sèches, on les charge sur des chariots et on les ramène à la maison. On les bat, pour que le blé sorte des épis ; on le met en sacs et on le conduit au moulin. Là, il est écrasé sous de grandes roues en pierre, qu'on appelle meules, et qui sont assez lourdes pour le broyer complétement. Il ne reste plus qu'à séparer la farine des petites parcelles jaunes qui proviennent de l'enveloppe du grain et qu'on nomme le son. Pour cela, on verse le tout sur un tamis, qui retient le son, toujours plus gros que la farine. Quand on veut que cette farine soit très-belle, comme celle dont votre maman fait des beignets, par exemple, on la tamise plusieurs fois.

— Elle sera bien étonnée, maman, quand elle verra que nous savons tout cela, dit Paul. Mais la farine, ce n'est pas encore du pain? ajouta-t-il en regardant le paysan.

— Non, répliqua Marguerite ; mais si on fait le pain comme le gâteau, ce n'est pas difficile. On arrange la farine de manière à ce qu'il y ait un trou dans le milieu ; on y casse des œufs, on y verse un peu d'eau ou de lait ; on y met du sel, du beurre ; on pétrit tout cela, et c'est bien bon.

— Vous pouvez penser que dans le pain, il n'y a ni beurre, ni œufs. Il n'y a même pas de lait, à moins que ce ne soit dans les petits pains au lait dont on vous régale quelquefois.

— Que je suis nigaude ! dit Marguerite. S'il y avait de tout cela, ce ne serait plus du pain, ce serait du gâteau.

— Justement. Dans le pain, il n'y a que de la farine, que de l'eau, et un peu de sel ; mais il y a une chose dont beaucoup de gâteaux ne peuvent pas se passer non plus : c'est du levain. Le pain sans levain est dur, il est lourd et il reste tout plat.

— Comme le pain que les juifs mangent à Pâques. J'en ai vu, reprit Paul, et j'en ai goûté ; mais je ne sais pas ce que c'est que du levain.

— C'est une portion de pâte qu'on met chaque jour de côté, pour la pétrir avec le pain du lendemain. Cette portion fermente et fait fermenter tout le reste, c'est-à-dire que la pâte renfle et se soulève, en laissant des yeux à l'intérieur du pain. Quand il est bien levé, il ne reste plus qu'à le mettre au four, où il cuit en s'enveloppant d'une belle croûte appétissante et dorée.

— Comment se fait-il que nous en ayons déjà tant mangé, de ce bon pain, sans savoir qu'on le fabrique avec de la farine, qu'on tire la farine du blé, et que le blé pousse dans les champs ?

— Il n'y pousse pas tout seul, comme les

mauvaises herbes, ni même comme les bonnes herbes de la prairie que vous voyez si verte là-bas. Il faut, pour récolter ce petit grain si précieux, labourer trois fois un champ, dans lequel on a d'avance mis du fumier. On sème alors du blé bien choisi; on le recouvre de terre et on le laisse pousser. Plus tard, on coupe les chardons qu'on y voit, et on attend que la pluie et le soleil le fassent grandir et mûrir.

— Nous avons vu hier une charrue traînée par des bœufs, qui paraissaient bien fatigués. Mon oncle nous a dit que ces pauvres bêtes avaient beaucoup de mal à tirer cette charrue, pour retourner la terre.

— C'est vrai; mais le laboureur qui la conduit a du mal aussi; car il faut qu'il la dirige et qu'il appuie de toutes ses forces pour que le fer pointu, qu'on appelle soc, s'enfonce dans la terre et trace le sillon.

— Il y avait encore un petit garçon qui sifflait en faisant claquer son fouet, ajouta Paul. C'était pour s'amuser....

— Non, mon ami ; c'était pour faire marcher l'attelage, et je vous assure que le gamin chargé de cette besogne a besoin de se reposer quand le soir vient.

Tout en causant ainsi, le bonhomme s'était éloigné de son champ. Les deux enfants l'avaient suivi, comptant le quitter devant le jardin de leur oncle. Cependant, arrivés devant la porte, ils continuèrent à marcher pour ne rien perdre de ce qu'il leur expliquait.

— Ma tante nous a permis de courir jusqu'à l'heure du goûter, lui dit Paul ; mais nous n'osons pas aller bien loin tout seuls ; et si vous le vouliez, nous irions avec vous.

— Venez, mes enfants, répondit-il. J'avais l'idée de faire un grand tour aujourd'hui ; mais quand vous serez fatigués, je vous ramènerai.

— Nous ne le serons pas encore à quatre heures, s'écria Marguerite ; cependant nous ne rentrerons pas plus tard, pour qu'on ne soit pas inquiet à la maison.

— Vous avez raison, ma belle petite. Mais voyez-vous ce garçon qui vient de notre côté ? C'est mon domestique. Il dira au voisin Duval que vous êtes avec moi, et tout sera pour le mieux.

Marguerite et Paul battirent des mains, enchantés d'aller bien loin, bien loin, peut-être jusqu'au bois, dont on apercevait la riche verdure au-dessus d'un coteau planté de vignes.

Mais au bout d'une heure de marche, ils commençaient à trouver qu'il faisait bien chaud, et qu'il y avait trop, beaucoup trop de champs de blé autour de ce petit village. Paul le dit tout bas à sa sœur.

— Ce n'est plus du blé, répondit Bernard, qui avait l'oreille fine. C'est de l'orge.

— L'orge ressemble beaucoup au blé; seulement je la trouve plus verte, dit Marguerite.

— Elle est moins avancée que le blé. Je crois qu'il y aura bien, cette année, quinze jours d'intervalle entre la moisson des blés et celle de l'orge; mais quelquefois il arrive que ces deux sortes de grain mûrissent en même temps.

— L'orge a de plus jolis épis que le blé, remarqua la petite fille. Vois donc, Paul, ces barbes, fines comme des aiguilles.

— Oui, répondit Paul; mais il s'agit de savoir si ces jolis épis donnent une farine aussi bonne que celle du blé.

— On dit chez nous, et sans doute ailleurs, quand on parle d'un homme qui manque tout à fait d'éducation et qui prononce de vilaines paroles : « Il est grossier comme du pain d'orge. »

— Cela prouve que l'orge ne vaut pas grand'-
chose. Mais alors je ne sais pas pourquoi l'on en
sème.

— L'orge ne fait pas de bon pain. Les pauvres
seuls en mangent; encore est-ce seulement
quand la récolte du blé n'est pas abondante.
Mais l'orge sert à la nourriture des bestiaux et à
la fabrication de la bière.

— Qui est-ce qui s'en douterait? dit Paul
étonné. La bonne bière mousseuse, qu'on boit
avec tant de plaisir quand on a chaud, se fait
avec de la farine d'orge?

— Non pas avec de la farine, mais avec du
grain, qu'on met dans l'eau pour qu'il se gonfle,
et qu'on porte dans un endroit chaud, pour qu'il
germe. On dessèche ensuite ce grain, on le moud
grossièrement, puis on le place dans une cave,
où l'on verse de l'eau chaude dans laquelle on
remue fortement l'orge. C'est ce qu'on appelle

brasser. On ajoute ensuite du houblon à la bière, pour la conserver et lui donner une saveur amère qui plaît généralement.

— Voici de l'orge qui est bien plus haute et plus jaune que l'autre, fit observer Paul.

— Ceci, mon ami, c'est du seigle. Il est mûr, et je m'étonne de ce qu'il ne soit pas déjà coupé.

— On fait des petits pains de seigle, s'écria Marguerite. Quand nous allions au Jardin des Plantes, maman nous permettait d'en acheter un pour l'éléphant.

— On en fait aussi de grosses miches. Dans les pays où la terre n'est pas assez bonne pour produire du blé, le pain de seigle est la principale nourriture des pauvres gens. Mais il n'y a de vrai pain, de pain excellent, que le pain de blé. On a quelquefois, dans les temps de famine, c'est-à-dire quand beaucoup de gens mouraient de faim, fabriqué du pain d'avoine ; mais il est encore plus mauvais que tous les autres.

— Je connais l'avoine, dit Marguerite. Maman en a sur son chapeau, avec toutes sortes de fleurs. Et, tenez, en voilà, plus loin que le seigle.

— C'est bien cela.

— On donne l'avoine aux chevaux, reprit Paul. J'ai vu souvent les cochers de fiacre en mettre dans des sacs, qu'ils leur attachaient à la tête.

— Ou leur en présenter dans une petite corbeille, ce qui me paraissait plus gentil, ajouta Marguerite.

— Pourvu que l'avoine soit de bonne qualité, les braves bêtes ne s'inquiètent pas du reste. L'avoine répare leurs forces, comme un peu de bon vin ranime celles de l'homme.

— Si nous avions seulement un verre d'eau,

reprit Marguerite, nous marcherions avec plus de plaisir.

— Ecoutez un peu, ma mignonne..., dit l'homme en s'arrêtant. Ne vous semble-t-il pas entendre le bruit d'une fontaine ?

— Oui, oui, j'entends ; mais où est-elle ? Je n'en vois point.

— Derrière la haie du verger que vous voyez à droite.

— Courons-y bien vite, Paul ! Je meurs de soif.

— Et moi donc ! répondit Paul.

— Je boirai volontiers aussi, dit le bon paysan. Marchons un peu plus vite, si vous le voulez ; mais ne courez pas. Vous vous mettriez en sueur, et rien n'est plus dangereux que de boire de l'eau fraîche quand on a très-chaud. L'année dernière, un de nos faucheurs est mort d'une fluxion de poitrine que cette eau très-froide lui avait causée.

— Vous faites bien de nous prévenir, monsieur, dit Paul ; car maman aurait beaucoup de chagrin si nous venions à mourir. Sais-tu ce que c'est qu'un faucheur, Marguerite ?

— C'est un homme qui abat, à coups de faux, l'herbe dont on fait du foin, pour nourrir les chevaux, les bœufs, les vaches, les moutons, répondit le brave homme, en voyant l'embarras de la fillette.

— Le foin, c'est de l'herbe séchée au soleil, je le sais, et je sais aussi ce que c'est qu'une faux. C'est un long et large fer tranchant, attaché au bout d'un grand bâton.

— Où donc en as-tu vu ? demanda Paul.

— Dans une gravure des *Fables* de la Fontaine, celle où la Mort arrive auprès du vieux bûcheron qui l'appelle.

— Je m'en souviens ; mais je n'y avais pas fait attention. Ah ! voici la fontaine..., s'écria Paul, arrivé au détour du chemin. Comme l'eau est brillante', et quels beaux arbres il y a tout alentour ! Nous pourrons nous y reposer, n'est-ce pas, monsieur ?

— Il ferait bien bon y goûter, dit Marguerite. Nous avons eu tort de ne pas écouter ma tante, qui voulait nous faire emporter du pain ; mais nous venions de manger une grande galette entre nous deux.

— Et vous croyiez que vous n'auriez plus faim. C'est ce qui arrive souvent aux enfants ; mais il faut les excuser ; car il y a bien des gens qui devraient être raisonnables et qui ne songent pas non plus à l'avenir.

On arrivait à la fontaine. Le bonhomme glissa un bras à travers la haie et en ramena un verre, fort heureusement pour nos deux amis, peu habitués à boire dans le creux de leurs mains, et qui d'ailleurs n'auraient pu, sans barboter dans la terre détrempée, s'approcher de l'endroit d'où l'eau sortait en abondance.

Les enfants déclarèrent que jamais ils n'avaient rien bu d'aussi bon. Après le premier verre, ils en demandèrent un second, que leur guide n'emplit qu'à moitié.

— C'est assez pour une fois, dit-il. Remettons-nous en route. Je vois au soleil qu'il est près de quatre heures, et l'on m'attend là-haut.

— Là-haut, répéta Marguerite, un peu effrayée de penser qu'il fallait aller encore bien loin. Nous ne retournons donc pas chez nous ?

— Non, j'ai des ouvriers qui arrachent des pommes de terre précoces. Ils doivent, d'après nos conventions, en avoir une moitié et moi l'autre : il faut que j'aille en faire le partage avec eux. Mais rassurez-vous, mes bons enfants, si vous êtes trop fatigués pour retourner à pied au village, vous monterez sur le chariot qui viendra chercher mes sacs.

A l'idée de prendre place sur un chariot, le frère et la sœur retrouvèrent toute leur gaîté. Ils gravirent avec courage un chemin assez raide, et bientôt ils s'aperçurent, le long d'un champ, de gros tas de belles pommes de terre, si rapprochés les uns des autres, que le propriétaire en parut fort satisfait.

— Allons ! mes amis, la récolte est fameuse, et j'en suis aussi content pour vous que pour moi, dit-il à ses ouvriers.

— Ça, c'est sûr, monsieur Bernard, répondit un jeune homme qui versait sur le dernier tas une lourde corbeille. Je vous avais dit qu'il y aurait de quoi ; mais il y a encore plus que je ne croyais.

— J'ai donc bien fait de recommander à

Jacques de mettre deux ou trois bouteilles de vin dans le chariot, pour arroser le gâteau que ma femme nous a fait.

— Et je n'ai pas oublié la commission, notre maître, dit Jacques, qui s'occupait de ses chevaux.

— Ma foi! monsieur Bernard, vous n'avez que de bonnes idées ; et si tous les riches vous ressemblaient, les pauvres ne s'en plaindraient pas, ajoutèrent les ouvriers.

— La besogne est presque finie, reprit Bernard, mais voici deux enfants qui ont faim, allons goûter tout de suite.

Un panier de provisions était placé sous un gros arbre, au bout du champ ; les ouvriers allèrent s'asseoir à l'ombre, après avoir ramassé quelques brassées de tiges desséchées, pour servir de banc à M. Bernard et aux deux petits

Parisiens, qui n'étaient pas les moins pressés de voir paraître le goûter.

Une serviette de toile grise fut étendue par terre. On posa dessus un gros morceau de lard blanc et rose, une miche de pain frais, un fromage blanc et enfin la brioche annoncée.

Ni Marguerite ni Paul n'étaient gourmands. Bien des fois ils avaient partagé avec de pauvres enfants les friandises qu'on leur achetait, lorsqu'on les menait à la promenade, et jamais l'un d'eux n'aurait reçu ni gâteaux ni bonbons sans en donner à l'autre. Cependant, à la vue de cet appétissant goûter, dont ils avaient grand besoin, la joie brilla sur leurs visages.

Le père Bernard les servit d'abord, en leur qualité d'étrangers ; puis il fit largement la part de chaque ouvrier, et déboucha les bouteilles, couvertes d'une vénérable poussière. Heureusement pour les petits Parisiens, qui ne buvaient pas de vin, il y avait encore de l'eau dans une cruche de grès, et elle était restée très-fraîche, grâce à la précaution qu'on avait eue d'envelopper la cruche d'un linge mouillé.

Quel délicieux repas pour tous, et pour M. Bernard quelle satisfaction de voir tout le monde, grands et petits, si heureux autour de lui !

C'était un brave homme, qui avait beaucoup travaillé, qui travaillait encore, quoiqu'il eût plus de soixante ans, et qu'il pût se reposer ; car il avait eu soin de mettre de côté, chaque année, une part de son revenu. Il était trop intéressé pour laisser perdre ou gaspiller ce qui pouvait servir soit à lui, soit à d'autres ; mais les gens qu'il faisait travailler disaient que c'était un bon maître, et les pauvres du village savaient bien qu'il n'était pas avare.

Marguerite et Paul avaient pensé, en l'entendant les appeler voleurs, qu'il était très-méchant ; mais bientôt ils avaient changé d'avis, et, tout en savourant le goûter dont il leur avait fait la surprise, Marguerite dit à son frère :

— J'aime de tout mon cœur ce bon papa Bernard.

Elle avait parlé bas ; cependant le bon papa l'entendit ; car il sourit doucement et lui donna une petite tape sur la joue, en l'appelant flatteuse.

— Monsieur Bernard, reprit-elle, je vous assure que nous penserons bien longtemps à vous, n'est-ce pas, Paul ?

— Toujours, répondit celui-ci, et nous n'oublierons pas ce que vous nous avez appris.

— Quel dommage que toutes ces herbes-là soient desséchées ! dit la petite fille, en ramassant quelques tiges éparses. J'aurais bien voulu voir si un champ de pommes de terre est aussi beau qu'un champ de blé.

— Rien ne sera plus facile que de vous contenter, mon enfant. Vous n'avez qu'à suivre le chemin, jusqu'à ce que vous voyiez, à gauche, un pommier dont les fruits commencent à rougir. Ce pommier est au bout d'un terrain où les pommes de terre sont en fleur. Ne vous pressez pas : nous allons partager les nôtres et les charger sur le chariot.

Les enfants n'eurent pas de peine à trouver le pommier ; mais ils furent bien étonnés de voir une grande pièce de terre couverte de touffes soigneusement butées au pied, ce qui les faisait ressembler à des vases d'une verdure étoilée de petites fleurs blanches. Telle fut du moins la description qu'en fit Marguerite, lorsqu'elle rejoignit M. Bernard.

— Vous savez maintenant qu'il n'y a aucune

ressemblance entre ces grosses tiges, bien feuil-
lées, et les minces tuyaux de paille qui portent le
blé, l'orge, le seigle, l'avoine ; en un mot, ce
qu'on appelle le grain ou les céréales.

— Oui ; mais nous voudrions savoir pourquoi vos pommes de terres ne sont pas vertes
comme celles de là-bas.

— C'est parce que les miennes sont d'une
espèce qui mûrit plus vite. On n'arrachera celles
de là-bas qu'au mois d'octobre. Pourquoi ne me
demandez-vous pas ce qu'on fait des pommes de
terre ?

— Parce que nous le savons. C'est le meilleur
do tous les légumes.

— Est-ce le meilleur ? Peut-être. Il y a des
gens qui préfèrent les asperges, les petits pois,
les artichauts, les choux-fleurs, aux pommes de
terre ; mais c'est le plus précieux, et aucun
autre ne pourrait le remplacer. D'abord, c'est

celui qui coûte le moins cher, qui se conserve le mieux, et qui se prête au plus grand nombre d'accommodements. Mais ce n'est pas tout. Quand le pain est cher, la pomme de terre le remplace sur la table des pauvres. Un peu d'eau et de sel suffisent à l'assaisonner. Mais si la pomme de terre manque en même temps que le blé, la misère est grande. C'est ce qui est arrivé en 1879. Beaucoup d'enfants ont eu faim. J'en ai vu un, moi qui vous parle, arracher le pain de la bouche d'un de ses camarades et le porter à la sienne en pleurant. S'il y avait eu des pommes de terre, ni les parents ni les enfants n'auraient jeûné. Aussi je pense que le digne savant qui a introduit en France une si précieuse culture nous a rendu un plus grand service que celui qui a inventé la poudre.

— La poudre sert à tuer, la pomme de terre nourrit : quelle différence ! Mais on n'a donc pas toujours cultivé ce bon légume ? demanda Marguerite.

— Il n'y a pas encore cent ans qu'on a planté la pomme de terre en France pour la première fois, et je vous engage, mes enfants, à ne pas oublier le nom de Parmentier, qui nous a fait ce riche cadeau.

— Parmentier..., répétèrent les enfants. Ce n'est pas difficile à retenir.

— Et d'ailleurs, continua Bernard, le moyen dont Parmentier s'est avisé pour mettre les pommes de terre à la mode vous aidera à graver ce nom dans votre mémoire.

— Oh ! une histoire.... Quel bonheur ! s'écrièrent en même temps le frère et la sœur.

— Eh bien ! oui, une histoire, mes amis. Parmentier adorait sa mère, une bien bonne mère, qui l'instruisait elle-même, et qui avait même étudié le latin pour le lui apprendre. Il était encore bien jeune quand, la voyant malade et n'ayant pas assez d'argent pour acheter les médicaments dont elle avait besoin, il s'offrit à servir d'aide à un pharmacien, qui passait pour être d'humeur si difficile, qu'aucun apprenti ne voulait entrer chez lui.

Parmentier y travaillait beaucoup ; mais quand il avait quelques heures de loisir, il les employait à l'étude avec tant de courage, qu'il devenait de jour en jour plus savant.

A dix-neuf ans, il partit pour l'armée, où il ne devait avoir rien à faire que de soigner les blessés ; mais il était si brave et si bon, qu'il allait les chercher jusque sous les balles des ennemis. Une fois il fut blessé lui-même, et une autre fois il fut fait prisonnier.

On l'emmena en Allemagne ; mais, au lieu de le tenir enfermé, on lui permit d'aller où il voudrait, pourvu qu'il promît de ne pas retourner en

France. Il n'y rentra qu'après la paix ; mais il avait beaucoup étudié depuis qu'il en était sorti, et il fut nommé pharmacien à l'hôtel des Invalides.

Parmentier avait vu des pommes de terre en Allemagne, où cependant on n'osait pas en manger, parce qu'on les croyait nuisibles à la santé. Il en planta dans un petit jardin dont il pouvait disposer ; quand il en eut récolté une certaine quantité, il fit préparer un repas composé de pommes de terre, depuis le potage jusqu'au rôti et au dessert. Il y invita plusieurs savants qui en mangèrent avec un peu de méfiance, mais qui, ne s'étant pas trouvés malades à la suite du festin, déclarèrent que la pomme de terre n'était pas malfaisante, comme chacun le croyait.

Bientôt Parmentier eut besoin d'un grand terrain pour planter le fruit de sa récolte. Le roi lui en donna un, dans lequel le nouveau légume

vint à merveille ; quand les pommes de terre fleu-
rirent, ce roi, qu'on appelait Louis XVI, mit à
sa boutonnière un bouquet de ces petites fleurs
blanches à cœur jaune, pareilles à celles que
vous avez vues tout à l'heure. Les belles dames et
leurs maris en firent autant, et le bon Parmentier, tout joyeux de voir ces bouquets à la
mode, demanda la permission de faire garder son
champ par des soldats. En même temps, il disait
à qui voulait l'entendre que le roi et les princes
mangeraient seuls de ses pommes de terre.

Il espérait que ce bruit se répandrait et que
beaucoup de gens auraient envie de toucher à
ce que le roi et les princes voulaient garder pour
eux. Il ne se trompait pas. Dès que les pommes
de terre mûrirent, il congédia chaque soir les
soldats qui montaient la garde autour des champs,
et dès la première nuit on lui vola une partie de
sa récolte.

Les nuits suivantes, ce fut la même chose. Plus on lui en prenait, plus il était content ; il aurait voulu que tout le monde en pût goûter et planter, parce qu'il savait que quand la pomme de terre serait cultivée en grand, les pauvres seraient à l'abri de la faim pendant les années de disette.

C'est ce qui est arrivé. On plante partout des pommes de terre ; et quand la récolte manque, on se demande ce que deviendraient les familles où l'on a plus d'appétit que d'argent, si cette grande ressource leur était enlevée pour toujours. Les riches en souffriraient aussi ; car il n'y a guère de repas où les pommes de terre ne figurent sous une forme ou sous une autre. Donc, nous devons tous bénir le nom du bon savant qui nous a donné cette plante incomparable.

On avait fini de charger la voiture. Les enfants y prirent place, de chaque côté de M. Bernard, et ce ne fut pas sans l'avoir remercié plusieurs fois qu'ils arrivèrent au village.

— Ils ne vous ont pas ennuyé, voisin ? demanda leur tante.

— Ils m'ont fait grand plaisir, répondit-il. Ce sont de bons enfants, qui aiment à s'instruire. Ils deviendront savants, c'est moi qui vous en réponds.

LE

JARDIN DE LÉON.

M. Aubry, après avoir honnêtement amassé une petite fortune dans le commerce, venait de vendre son fonds, pour se retirer à la campagne. Il avait toujours envié le bonheur d'habiter, seul avec sa famille, une maison simple et gaie, où l'on arriverait en traversant un jardinet, mais derrière laquelle s'étendrait un verger.

Il chercha pendant quelques semaines, sans épargner son temps ni ses pas, et il finit par trouver plus qu'il ne souhaitait; car, sans aller au delà du prix qu'il s'était fixé, il put acheter une maison vaste et commode, précédée d'un beau jardin en plein rapport.

Le mois de mai venait de commencer, quand il s'y installa avec sa femme et ses trois enfants, aussi ravis que lui-même du riant aspect de leur nouvelle demeure.

Le jeudi avait été choisi pour en prendre possession. C'eût été trop peu de quelques heures pour tout voir, tout admirer, et M. Aubry ne voulait pas que sa fille Hélène ni ses deux petits garçons, Léon et Georges, perdissent un seul jour d'étude.

Hélène avait douze ans. Elle était très-raisonnable, très-docile, très-bonne pour ses frères, qui la regardaient comme leur seconde maman.

Léon lui ressemblait plus par les traits du visage que par le caractère. Hélène n'avait jamais été ni paresseuse ni étourdie; cependant on reprochait à Léon de ne pas aimer le travail et d'avoir l'esprit si léger, qu'on ne pouvait compter sur son attention.

Quant à Georges, il commençait à bien lire, quoiqu'il n'eût pas encore six ans, et il répétait à merveille les petites fables que sa sœur se plaisait à lui apprendre. Il était si vif, si remuant, qu'on avait grand'peine à s'en faire écouter; mais Hélène était la patience même, et elle exerçait sur ce petit démon plus d'autorité que personne.

Ce fut elle qui lui dit qu'on pouvait regarder les belles fleurs du jardin, mais qu'il n'y fallait pas toucher, parce que le papa, qui les aimait beaucoup, serait fâché de les voir arracher de leurs tiges, pour les effeuiller de tous côtés. Elle lui fit comprendre aussi que les pommes et les poires, à peine aussi grosses que le bout de son petit doigt, deviendraient belles et bonnes, si on leur en laissait le temps ; mais que si on les cueillait trop tôt, on perdrait le plaisir de les voir grossir sur les arbres, dont elles faisaient la parure, et qu'au lieu d'avoir bientôt chaque jour, à son goûter, un fruit délicieux, Georges serait forcé de manger son pain sec.

Georges fit la grimace : il n'aimait pas le pain sec ; mais il aurait bien voulu goûter seulement une de ces pommes et de ces poires nouvellement formées. Hélène en ramassa plusieurs au pied des arbres, et les lui présenta. Il les porta à sa bouche ; mais il les rejeta aussitôt, et il promit de bon cœur d'en attendre la maturité.

Pour les groseilles vertes et les fraises, dures encore, mais déjà rougissantes, la tentation fut plus forte. Léon la partagea ; mais il avait promis à son père de ne toucher à rien sans permission, et M. Aubry, malgré toute sa bonté, toute sa tendresse pour ses enfants, avait su leur inspirer une certaine crainte, qui les faisait hésiter à lui désobéir.

— Oh! papa, papa, les belles fraises!... s'écria Georges.

— Et les jolies petites groseilles! ajouta Léon, qui les regardait d'un œil d'envie.

— Je défends qu'on cueille des groseilles, répondit M. Aubry. Elles sont toutes vertes et vous rendraient certainement malades. Quant aux fraises, votre sœur va choisir les plus mûres, et vous les partagerez avec elle.

Hélène fit la cueillette et le partage, sans rien garder pour elle-même.

— Tu n'aimes donc pas les fraises? lui demanda sa mère, qui assistait à cette distribution.

— Pardon, maman, répondit-elle ; mais j'attendrai volontiers, pour en manger, qu'il y en ait beaucoup. Il est juste que les plus petits soient servis les premiers.

— Donne le reste à Georges. J'en ai assez, dit Léon, qui depuis quelque temps cherchait à imiter sa sœur.

— Je les veux bien, répondit Georges ; mais il faut qu'Hélène prenne les deux plus belles, pour elle et pour maman.

— Bien ! mes enfants, vous me faites un vrai plaisir, dit Mme Aubry.

— Quel dommage que je n'aie plus de fraises ! s'écria Georges. Je te les aurais toutes données, puisque tu les aimes tant, ma petite mère.

— Ce n'est pas cette fraise qui me réjouit, c'est le bon cœur de mes chers enfants. Aimez–

vous toujours ainsi, et vous rendrez vos parents bien heureux, répondit-elle en souriant.

— Maman, reprit Léon, je voudrais avoir un jardin à moi, un beau petit coin que je soignerais, que j'arroserais, et dans lequel je pourrais cueillir des fleurs, quand ce ne seraient que des violettes, des pensées et du réséda. J'ai depuis l'année dernière une bêche et un râteau que grand-papa m'a donnés; tu m'apprendrais à m'en servir, et cela m'amuserait beaucoup.

— Si tu me promets que tes leçons et tes devoirs n'en souffriront pas, répondit M. Aubry, qui s'était rapproché, je te donnerai le coin de terre que tu désires. Mais il faut que je te prévienne d'une chose, c'est que tu seras obligé de te lever un peu plus matin, si tu veux soigner convenablement ton petit jardin.

— Je me lèverai dès que tu m'appelleras. Je

serai si content de voir mes plantes grandir tous les jours.

— Elles grandiront tous les jours, c'est certain, mais si peu à la fois, que tu ne t'en apercevras pas.

— Pourtant, papa, les fleurs que j'aurai laissées en boutons le soir pourront être ouvertes le lendemain matin.

— Oui, cela arrivera quelquefois ; mais pour que les plantes grandissent et fleurissent, il faut du temps et des soins.

— Papa, je voudrais bien aussi avoir un jardin, dit Hélène.

— Et moi donc ! s'écria Georges.

— Tu es trop petit, fit Léon, en haussant les épaules.

— Mon jardin sera le plus beau de tous, reprit Georges. Hélène et maman y travailleront avec moi.

— Vous aurez chacun le vôtre, c'est convenu, dit M. Aubry; mais je me réserve le droit de les reprendre, s'ils ne sont pas bien soignés.

— Quand nous les donneras-tu, papa? demanda Léon.

— Tout de suite; car je vois que tu es pressé. Quel côté du jardin préférez-vous, mes amis? Parle d'abord, Hélène.

— Je m'en rapporte à toi, père. Tu sais mieux que moi ce qu'il me faut.

— Nous partagerons donc en deux la belle plate-bande que voici. C'est la mieux exposée du jardin; car vous saurez qu'il ne faut aux plantes ni trop d'ombre ni trop de soleil. Elle sera facile à cultiver, parce qu'elle est remplie d'excellent terreau.

— Qu'est-ce donc que du terreau, papa? interrompit Léon.

— Le terreau n'est autre chose que du fumier ou des débris de végétaux bien consommés. Vous savez ce que c'est que les végétaux ?

— Tout ce qui existe dans la nature peut se partager en trois grandes classes, appelées règnes : le règne minéral, le règne végétal et le règne animal, répondit vivement Léon. Il y a donc des minéraux, des végétaux et des animaux.

— Quelle différence y a-t-il entre ces trois règnes? demanda M. Aubry,

— Les minéraux croissent, dit Hélène, voyant que son frère hésitait. Les végétaux croissent et vivent. Les animaux croissent, vivent et sentent. La pierre, le fer, le cuivre, l'or, l'argent, sont des minéraux : ils ne vivent ni ne sentent; les arbres, les arbustes, les plantes de toutes sortes, sont des végétaux : ils croissent et ils vivent; mais ils ne sentent pas.

Quand on arrache une plante, elle meurt, mais sans souffrir, au lieu que si l'on arrache seulement une plume à un oiseau, un crin à un cheval, un cheveu à un enfant, l'oiseau, le cheval et l'enfant le sentent fort bien.

— Voilà qui me semble expliqué clairement, dit M. Aubry. Je suis sûr que Léon s'en souviendra.

— Moi aussi, papa, s'écria Georges. J'ai bien compris ce que ma sœur a dit. Quand on marche sur un caillou, quand on cueille une fleur, la fleur ne le sent pas ni le caillou non plus; mais quand on coupe la patte d'un hanneton, en serrant trop fort le fil qu'on y attache, le hanneton a mal; et s'il pouvait parler, il dirait que les petits garçons qui font cela sont des méchants. Tu vois, papa, que j'ai bien écouté ma sœur.

— Oui, très-bien, mon Georges. Aussi j'espère que tu deviendras savant. Nous disions, mes enfants, que la terre de votre petit jardin sera facile à cultiver. Elle a d'ailleurs été soigneusement bêchée, et vous n'aurez qu'à la remuer un peu, du bout des dents de votre rateau, avant d'y semer ou d'y planter des fleurs.

— Lequel vaut le mieux, papa, de planter ou de semer?

— On sème ordinairement sur des couches, pleines de fumier recouvert de terre, les plantes qu'on veut voir fleurir de bonne heure. Elles grandissent vite, grâce à la chaleur qui se dégage du fumier et à celle que le soleil leur donne, à travers les vitraux placés sur la couche. On préserve d'ailleurs ces petites plantes de la gelée en mettant le soir des paillassons sur les vitraux. Quand le bon temps est décidément arrivé, on enlève avec précaution les jeunes plantes de la couche et on les remet en pleine terre. C'est ce que vous pourrez faire ; car il me semble que nous n'avons plus de gelées à craindre. Je vous montrerai comment il faudra vous y prendre, pour qu'il reste autour des racines un peu de terre de la couche, afin que ces pauvres petites racines souffrent moins d'être transplantées, et comment vous devrez préparer la place où vous les repiquerez. Cela fait, vous n'aurez plus qu'à les arroser et à les préserver pendant quelques jours du soleil et du vent.

— Puis elles fleuriront, papa ? dit Léon.

— Pas tout de suite, mon ami. Si tu avais examiné la couche, tu saurais bien que les tiges des plantes qu'elle renferme sont encore trop faibles pour porter des fleurs. Mais si tu tiens à ce que ton jardin soit promptement fleuri, tu peux y mettre quelques plantes vivaces.

— Est-ce que toutes les plantes ne sont pas

vivaces? reprit Léon. Hélène a pourtant dit que les végétaux vivent.

— Oui, les végétaux vivent; mais on désigne sous le nom de plantes vivaces celles qui durent plus de deux ans. Celles qui meurent à la fin de l'automne sont appelées plantes annuelles; et celles qui passent deux hivers, plantes bisannuelles.

— Je ne mettrai dans mon jardin que des plantes vivaces, dit Léon, pour n'avoir pas la peine de les renouveler tous les ans.

— Il n'est pas juste que celui qui craint de se donner de la peine soit aussi bien partagé que les autres. Tu n'auras donc pas une grande variété de fleurs, et tu n'en auras que pendant peu de temps.

— Pourquoi donc, père?

— Parce que la plupart des plantes vivaces ne fleurissent qu'à certaine époque, tandis que les fleurs se succèdent sans interruption depuis le printemps jusqu'à l'arrière-saison, sur beaucoup de plantes annuelles.

— Mais, papa, je veux que mon jardin soit comme une corbeille des plus belles fleurs qu'on puisse voir. Je veux pouvoir y cueillir tous les matins un bouquet pour maman, répliqua Léon.

— Ton jardin aura trop peu d'étendue pour que le bouquet soit bien gros, dit en riant Mme Aubry ; mais je me contenterai d'admirer tes fleurs sur pied, sans que tu les cueilles, pour me les offrir.

— Qu'est-ce qu'il faudra que je plante, maman ? reprit Léon. D'abord du réséda, parce que je sais que tu l'aimes.

— Il n'y en a pas sur la couche, répondit la bonne mère. Le réséda se sème, parce que sa racine longue et menue reprend difficilement quand on le transplante. Je t'en donnerai de la graine ; quant au reste, si tu me crois, tu prieras ton père de choisir lui-même ce que tu devras repiquer.

— C'est ce que je veux faire aussi, dit Hélène. Il faut bien que nous nous laissions guider, mon petit Léon, puisque nous ne connaissons pas mieux l'un que l'autre le moyen d'avoir un beau jardin.

— Moi, je veux dans le mien des fleurs rouges, bleues, blanches, jaunes ; beaucoup de pommes, de poires, de cerises, de pêches, de raisin, et de l'herbe pour me rouler dessus, dit Georges.

— Tu auras tout le verger, mon bon ami, répondit M. Aubry, pourvu que tu consentes à partager les fruits avec nous. Ils viendront sans que tu t'en occupes, et tout sera pour le mieux.

A ton âge, on a le droit de récolter sans avoir travaillé.

— Mais quand on est déjà grand comme moi, papa, ce n'est plus la même chose? dit Léon.

— Je ne t'oblige pas non plus à cultiver un coin de mon jardin. Le jour où tu en seras fatigué, tu me le diras, et tu n'auras à craindre aucun reproche. La seule chose que j'aie à te demander, d'ici à bien des années, c'est de t'appliquer à l'étude; tout autre travail ne devra être pour toi qu'un délassement. Cela dit, nous allons mesurer la longueur de la plate-bande et en faire deux parts égales, que ta sœur et toi vous tirerez au sort.

— C'est inutile, papa : que Léon prenne celle qu'il voudra, j'aurai l'autre, répondit Hélène, afin que son frère fût satisfait.

Léon choisit l'espace qui s'étendait devant un

beau pêcher, paré de larges fleurs roses, tandis qu'au-dessus du jardin d'Hélène il n'y avait qu'un cordon de vigne dont on distinguait à peine les grappes. Une rangée de fraisiers servait de bordure à la plate-bande, mais dont les fruits précoces avaient été cueillis.

Léon demanda s'il ne pourrait pas remplacer ces fraisiers par d'autres, dont les jolies fleurs lui faisaient envie. M. Aubry répondit qu'il était trop tard pour déplanter ces derniers, si l'on n'en voulait pas perdre toute la récolte.

— Papa, dit Hélène, en voilà un pied qui est bien malade, s'il n'est pas mort. Vois, ses feuilles sont fanées et ses bouquets de fraises toutes vertes pendent jusqu'à terre. Il a soif; je vais lui chercher un peu d'eau; car, si je ne suis pas bonne jardinière, je sais qu'en arrosant les plantes on leur rend quelquefois la vie.

— Il est trop tard pour celle-ci, ma fille. Elle est bien morte. Tire-la un peu, elle te restera à la main, car sa racine est coupée.

— Oui, père. Qui donc a fait cela?

— Tiens, voici un couteau. Creuse un peu la terre à la place qu'occupait ce fraisier, et tu trouveras le coupable.

— Papa, un gros ver d'un blanc jaunâtre, avec une tête brune! s'écria Léon. Je trouve qu'il ressemble aux vers à soie.

— Les vers à soie sont de précieux insectes, dont on a raison de prendre soin; mais celui-ci n'a rien de commun avec eux. C'est un animal des plus nuisibles. A lui seul il pourrait détruire cette belle rangée de fraisiers, et il s'en faut certainement qu'il soit seul. Regardez-le bien, et chaque fois que vous en verrez de semblables, écrasez-les sans pitié. Quand ils sont très-nombreux, ces vers dévorent même les racines des arbres, celles du blé , de l'avoine et des plantes fourragères. Les dégâts qu'ils causent pourraient amener la famine ; aussi fait-on la guerre à l'insecte qui les produit, et cet insecte, vous le connaissez fort bien, c'est le hanneton.

— Hanneton, vole, vole, vole.... Mais, papa, celui-ci n'a pas d'ailes, dit Georges. Quand je lui chanterais dix fois ma chanson, il ne pourrait voler.

— Celui-ci n'est pas un hanneton ; mais il est sorti d'un des œufs que les femelles des hannetons déposent dans la terre, et il deviendra lui-même un hanneton, qui donnera naissance à d'autres vers, d'où sortiront à leur tour d'autres hannetons.

— Si l'on n'en détruisait pas, ces vilaines bêtes nous feraient mourir de faim, reprit Léon. Pourquoi donc, papa, ne veux-tu pas que nous tourmentions les hannetons que nous attrapons quelquefois?

— Parce que s'il est permis de détruire un animal nuisible, il n'est jamais permis de le martyriser. C'est une cruauté inutile et qui dénote un mauvais cœur ou une grande étourderie d'arracher les pattes aux hannetons, les ailes aux mouches, ou d'attacher les papillons à son chapeau, en les perçant d'une épingle, comme je l'ai vu faire par un petit garçon. N'oubliez jamais que les animaux, quels qu'ils soient, sentent le mal qu'on leur fait. Tuez donc les hannetons, sans les tourmenter; car ils sont un fléau pour les jardiniers et les laboureurs. Ils mangent les feuilles des arbres pendant leur vie; mais ils causent encore de plus grands dégâts après leur mort.

Les vers qui sortent de leurs œufs mangent peu pendant leur première année. Quand les froids viennent, ils s'enfoncent dans la terre, assez loin pour n'avoir rien à craindre de la gelée ni des grandes pluies. Au printemps, ils commencent leurs ravages, qui durent jusqu'en hiver, époque à laquelle il s'abritent et s'engourdissent, comme l'année précédente. Quand ils se réveillent, ils sont grands et forts; il leur faut beaucoup à manger, et ils n'y a plus guère de racines trop dures pour eux. Vers le commencement de juillet, ils descendent à plus d'un demi-mètre dans la terre et s'y enveloppent d'une espèce de coque, dans laquelle ils restent jusqu'à la fin d'octobre.

Quand ils se débarrassent de cette coque, ils sont devenus de vrais hannetons, mais ils sont encore mous et blanchâtres. Ils se fortifient pendant l'hiver; ils prennent la teinte brune que vous leur connaissez, et quand la belle saison revient, ils remontent à la surface du sol, d'où ils prennent leur vol. Pendant le jour, ils se cachent sous les feuilles des arbres, parce qu'ils craignent la chaleur ; et le soir, on les entend bourdonner de tous côtés.

Ils ne jouissent pas plus de six semaines de leur nouvelle existence ; mais avant de mourir, chaque femelle creuse un nid, et y dépose une trentaine d'œufs, qui éclosent vers le mois de juillet. Tant à l'air libre qu'en terre, le hanneton vit trois ans ; et d'après ce que je vous en ai dit, vous voyez, mes enfants, que c'est un insecte très-nuisible, auquel on devrait faire sérieusement la chasse. Quant à moi, je n'en épargnerai pas un de ceux que je prendrai dans mon jardin.

— Papa, je demande grâce pour celui-ci. Je n'en ai jamais vu d'aussi leste ni d'aussi joli, dit Léon, qui regardait courir sur le sable de l'allée ın scarabée, dont la robe, d'un beau vert, avait de brillants reflets d'or.

— Tu te trompes fort en prenant cet animal pour un hanneton, répondit M. Aubry, et je me garderai bien de le tuer, car c'est un grand destructeur d'insectes. Aussi brave qu'il est beau, il attaque même le hanneton et il le dévore. Il mange aussi les chenilles, et, loin de toucher à nos plantes, il les délivre de beaucoup d'ennemis. Les savants lui donnent le nom de carabe doré; mais on l'appelle ordinairement la jardinière, parce qu'il vient en aide à ceux qui cultivent des légumes et des fleurs.

Il y a plusieurs espèces d'insectes qui nous rendent les mêmes services. Quelques-uns sont moins bien vêtus que celui-ci; il y en a dont la robe sombre est bordée de violet ou de rouge; d'autres dont le manteau vert ou brun est marqué de bandes ou de points blancs. Il y en a qui sont, au contraire, plus beaux que la jardinière, si beaux, qu'on pourrait les prendre pour des joyaux vivants. De ce nombre est le carabe splendide, qu'on ne trouve que dans les Pyrénées.

Vous verrez quelquefois de jolis insectes, d'un beau vert ou d'un beau bleu, glacé d'or, qui vous paraîtront endormis dans le cœur des roses ou sur les lilas. Ceux-là ne nous font pas grand mal; ear ils ne vivent que de fleurs. Ce sont les cétoines dorées.

Les coccinelles, qu'on appelle aussi bêtes à bon Dieu, ont le dos presque rond et recouvert d'un manteau rouge ou jaune, marqué de points noirs. Ce manteau se soulève en deux ailes dures qui servent d'étui aux véritables ailes de beaucoup d'insectes, et que vous devez avoir remarquées chez les hannetons.

— Oui, papa; ils ont des ailes brunes, qui

sont épaisses et dures, et d'autres qui sont fines et transparentes, dit Hélène. Nous saurons maintenant que les premières servent à protéger les secondes et se nomment élytres.

— Papa, demanda Léon, quand donc planterons-nous nos fleurs? J'ai beaucoup de plaisir à entendre tout ce que tu nous dis; mais j'ai peur que le temps ne nous manque pour arranger nos jardins. Demain, il serait trop tard, puisque tu veux que nous allions en classe.

— Oui, je le veux; mais, sois tranquille, je n'oublie pas ce que nous avons à faire aujourd'hui. Nous allons pouvoir choisir nos fleurs; et nous les repiquerons, dès que le soleil ne donnera plus sur votre plate-bande. Elles reprendront plus sûrement que si nous n'avions pas attendu jusqu'à cette heure.

— Je pense que la coccinelle ne fait pas de mal, puisqu'on l'appelle bête à bon Dieu, reprit Hélène, tout en suivant son père et son frère du côté où se trouvait la couche.

— Non, répondit M. Aubry. Elle ne vit pas aux dépens des plantes; elle les débarrasse, au contraire, des insectes qui les rongent. Regarde ce rosier, qui commence à boutonner; il est plein de petits pucerons verts, qu'il nous serait difficile de détruire, mais qui disparaîtraient bien vite si deux ou trois coccinelles venaient se promener sur ses branches.

— Papa, n'en est-ce pas une qui grimpe là? Il me semble que je la reconnais, d'après le portrait que tu nous en as fait, demanda Hélène. Voilà les élytres rouges à points noirs; mais elle est encore bien petite, la pauvre coccinelle.

— Vous n'en verrez guère de plus grosses. Celle-ci est d'une taille ordinaire. Vous connaissiez certainement la coccinelle sans savoir son

nom; car on en trouve quelquefois dans les pa-
niers de fruits.

— J'en ai vu beaucoup sur les raisins, à la vendange, dit Léon, et j'en ai tué plus d'une, parce que je croyais qu'elles entamaient ces belles grappes.

— Voilà, mon ami, comme l'ignorance nous rend injustes. Ceux qui écrasent les jardinières, qu'on trouve presque partout, dans les champs, dans les vignes, comme dans nos jardins; ceux qui détruisent les nids d'hirondelles, ou qui tirent au vol ces oiseaux si gracieux; ceux qui tuent les chouettes, parce qu'elles ont un cri qui leur déplaît ou les effraie, se privent d'ex-cellents serviteurs, qui ne leur coûtent rien.

— Qu'est-ce que les hirondelles et les chouettes font pour notre service? demanda Léon.

— Les hirondelles attachent leurs nids à nos

fenêtres et sous nos toits, comme si elles étaient sûres que nous ne leur voulons pas de mal. Rien que pour répondre à leur confiance, nous devrions les épargner. Nous sommes d'ailleurs toujours heureux de les revoir, parce qu'elles nous annoncent le retour du printemps; mais elles ont des titres plus sérieux à notre reconnaissance. Elles nous délivrent d'une multitude de petits insectes qui, sans elles, nous tourmenteraient cruellement. Les moucherons, les cousins, dont la piqûre est souvent douloureuse, les mouches ordinaires qui nous importunent de leurs bourdonnements, qui touchent à tout, qui souillent nos meubles, nos aliments, qui se posent sur notre visage; d'autres espèces de mouches, quelquefois venimeuses, servent de nourriture aux hirondelles; et quand ces jolis oiseaux ont à pourvoir aux besoins de leurs petits, ils détruisent d'incroyables quantités de ces insectes malfaisants.

Quant aux chouettes, il leur faut autre chose que des mouches et des cousins; ce sont les rats et les souris qu'elles attaquent. Elles en détruisent beaucoup plus que nos chats; car elles ont bon appétit et ne vivent guère d'autre proie. Elles sont laides, il est vrai; elles ont un cri désagréable; mais ce n'est pas leur faute, et il faut être bien ignorant ou bien superstitieux pour se figurer que ce cri annonce quelque malheur. Cependant il n'est pas rare de trouver des gens qui le croient, et cela explique la haine qu'on porte à ces pauvres animaux. J'espère que si vous en voyez voler quelquefois aux approches de la nuit, vous ne serez pas assez sots pour en avoir peur.

— Il y en a donc par ici, papa? dit Léon.

— Je n'en sais rien; mais je suis sûr qu'il y

a des rossignols ; car j'en ai vu un nid dans notre jardin même.

— Oh! père, que cela doit être joli, un nid de rossignols! Veux-tu nous le montrer? Nous serions bien contents, n'est-ce pas, Hélène?

— Oui; mais c'est peut-être trop haut pour que nous puissions y arriver, répondit la fillette.

— Les rossignols ne font pas leur nid sur les grands arbres. Ils le placent à peu de distance du sol, au pied d'une haie, dans des broussailles, sur quelque arbuste touffu, ou près d'un mur, entre les branches basses d'un espalier. Ce nid n'est pas joli, comme vous le croyez. Il se compose de quelques roseaux ou de tiges d'herbes sèches, entremêlées de feuilles sèches aussi, et il est si légèrement construit, qu'on n'ose y toucher, de peur de le démolir. Cependant il est garni à l'intérieur de menues racines, de crins de cheval, de poils de vache, sur lesquels la petite mère dépose ses œufs. Si j'étais sûr que vous n'en parlerez pas à Georges et que vous respecterez le nid que j'ai découvert, je vous le ferais voir.

— Il est ici, papa, le voilà ! dit joyeusement Léon, qui venait de voir un oiseau disparaître derrière les feuilles d'un poirier en éventail.

Une chose l'étonnait cependant : cet oiseau, d'un brun grisâtre, n'était pas beau du tout, et, en entendant vanter la voix du rossignol, il s'était fait une haute idée de la richesse de son plumage. Il fit part de sa surprise à son père, qui lui répondit en souriant :

— Cela prouve une fois de plus qu'il ne faut pas se fier aux apparences. Il y a des sots fort bien vêtus, et les gens de mérite aiment à se cacher souvent sous des dehors modestes. Si vous me croyez, vous n'approcherez pas du nid maintenant, pour ne pas déranger la couveuse.

— Est-ce qu'elle nous ferait du mal? demanda Léon.

— Non; mais vous l'inquiéteriez inutilement sur le sort de ses petits, et peut-être n'oserait-elle plus s'éloigner pour chercher leur nourriture. Arrachons nos fleurs; et quand nous les aurons replantées, vous pourrez revenir. S'il n'y a que des œufs dans le nid, vous n'y toucherez pas; car la mère les abandonnerait; et s'ils sont éclos, vous vous contenterez encore de regarder les petits, sans les effrayer.

Les jeunes plantes furent enlevées de la couche et placées bien doucement dans un panier, après que la terre eut été raffermie autour de leurs racines. M. Aubry eut soin de les choisir de manière à ce que les deux petits jardins fussent ornés de fleurs jusqu'aux premières gelées.

Hélène prit avec joie celles qu'il lui donna; mais Léon trouva qu'il n'en avait pas assez. Il voulait, disait-il, ne pas perdre une parcelle de son terrain, et quoique son père lui fît observer que si les plantes étaient trop serrées, elles ne pourraient se développer librement, il ne crut pas devoir profiter de cet avis. Il parvint à placer deux fois plus de fleurs que sa gentille voisine; puis, entre chaque pied, il sema du réséda, et il alla prier sa mère de lui donner quelques haricots et quelques pois, afin que l'utile et l'agréable fussent réunis dans son jardin.

Le tout étant bien arrosé, Léon, satisfait de son travail, le fit admirer à sa sœur.

— Ton jardin est plus vert que le mien, dit-elle, et je le trouve plus joli; mais j'ai fait ce que papa m'a conseillé, parce que je pense qu'il est plus savant que moi, pour la culture des fleurs aussi bien que pour le reste. Si tu veux venir voir le nid, nous irons pendant que Georges n'est pas avec nous.

— Où donc peut-il être? C'est merveille qu'il nous ait laissés jardiner en paix.

— Il s'est endormi dans le verger, près d'une fenêtre d'où maman peut veiller sur lui, tout en rangeant le linge et la vaisselle dans les grandes armoires qui garnissent la salle à manger.

— On est heureux d'être débarrassé de lui pour quelques instants, reprit Léon ; mais on s'ennuierait bien vite de ne plus le voir.

Le frère et la sœur s'approchèrent sur la pointe du pied, en retenant leur souffle, jusqu'au poirier qui portait le nid. Hélène écarta les feuilles qui le couvraient, et, n'y voyant que quatre petits œufs, elle appela Léon, pour les regarder avec elle. Ni l'un ni l'autre n'eurent l'envie d'y porter la main ni même de toucher au rustique berceau; et la voix de Georges s'étant fait entendre dans une allée voisine, ils se dirigèrent aussitôt vers lui.

Georges leur apportait à chacun une part de gâteau. L'heure du goûter était depuis long-temps sonnée; mais ils avaient tant travaillé, disaient-ils, qu'ils avaient oublié de manger. Le gâteau n'en fut pas moins trouvé fort bon.

Quand Hélène et Léon repassèrent devant le poirier, la petite mère avait repris sa place, et tous deux, sans s'être concertés, laissèrent tomber, sur le sable de l'allée, assez de miettes pour qu'elle pût faire un bon repas.

M. Aubry, qui venait les rejoindre, après avoir donné des ordres à son jardinier, devina leur intention et vit avec plaisir qu'ils poussaient la discrétion jusqu'à ne pas s'arrêter une seconde en face du nid.

Quatre moineaux effrontés, sortis d'un massif d'arbustes, s'abattirent sur le gâteau et enlevèrent, en un moment, ce qui n'avait pas été jeté là pour eux.

— Quel bonheur! s'écria Léon, quatre rossignols.... Les as-tu vus, père?

— Les rossignols ne se nourrissent que de vers, de chenilles et de petits insectes, répondit M. Aubry. On devrait donc les aimer quand ils ne chanteraient pas. Ils sont plus petits et plus minces que les oiseaux que tu prenais pour eux, et leur robe est plus sombre. Ceux-ci sont des moineaux francs, qu'on appelle aussi des pierrots. Ils ne chantent pas et ils vivent un peu à nos dépens. Vous verrez cela quand nos cerises rougiront, et que les cosses de nos pois seront bien remplies. On leur reproche aussi de manger le blé qui commence à mûrir et de s'introduire dans les greniers après la moisson. Cependant, comme ils ne dédaignent pas non plus les insectes, ils font encore plus de bien que de mal, et l'on aurait tort de les détruire. A plus forte raison, faut-il épargner les rossignols, les fauvettes, les mésanges, dont les chants nous réjouissent, et qui, pour subsister, font la guerre à nos ennemis.

— Sais-tu, papa, combien il peut y avoir de petits dans le nid d'un rossignol? dit Léon, qui se demandait comment ce nid pourrait suffire à une nombreuse famille.

— Il n'y a jamais que quatre ou cinq œufs, d'un brun verdâtre, répondit M. Aubry. Une fois que la mère commence à les couver, elle ne les quitte plus qu'ils ne soient éclos. Pour qu'elle ne se dérange pas, le père lui apporte à manger, et, de crainte qu'elle ne s'ennuie toute seule, il se perche sur quelque grand arbre du voisinage, d'où il fait entendre sa charmante voix. Il mérite bien d'être aimé, n'est-ce pas, ce gentil rossignol, qui prend un si grand soin de sa compagne? Il fait plus encore : il pourvoit, avec la mère, à la nourriture des petits. Il s'occupe, comme elle, de leur apprendre à voler, et même il continue à veiller sur eux pendant qu'elle construit son nid pour une seconde couvée.

— Quel plaisir ce serait pour nous, papa, si nous pouvions voir tout cela! dit Hélène.

— Vous verrez cela, mes enfants, et beaucoup d'autres choses, qui ne vous intéresseront pas moins. Quand on habite la campagne, on trouve à chaque instant l'occasion de s'instruire tout en s'amusant.

Le lendemain, de bonne heure, Hélène fut réveillée par le joyeux ramage de deux pinsons qui se répondaient, et dont l'un se balançait sur une branche, tout près de sa fenêtre Il s'envola quand elle l'ouvrit, m is pour aller un peu plus loin reprendre sa chanson.

Hélène croyait que tout dormait encore dans la maison; mais elle vit son père travaillant déjà, et elle courut lui offrir son aide.

— Tu arrives à propos, lui dit-il, après avoir reçu ses caresses. Prends les haricots que voici et mets-en cinq ou six dans chacun des trous que je vais faire.

— Je sais comment il faut les placer, dit-elle. Léon, qui en a planté hier, s'est fait indiquer où est le germe, afin de le mettre en terre du bon côté.

— C'était une précaution bien inutile, reprit en riant M. Aubry. Jette-les au hasard, ma fille ; s'ils sont du mauvais côté, ils sauront se retourner, ne t'en inquiète pas. La racine est faite pour s'enfoncer dans la terre, la tige pour monter vers le ciel; et quand tu mettrais la racine en l'air, elle se replierait sur elle-même au lieu de s'y élever.

— Que tu es donc heureux, papa, d'être si savant! dit Léon, qui s'était levé aussitôt que sa sœur, et l'avait suivie sans qu'elle s'en aperçût. Comment donc as-tu fait pour le devenir?

— On le devient en étudiant, en observant et surtout en profitant de l'expérience des autres. Mais, tu te trompes, mon ami, je ne suis pas savant, et j'espère que tu le seras un jour plus que moi. Je t'ai déjà dit que le temps m'a manqué pour étudier comme je l'aurais voulu. Mon père n'était qu'un petit marchand mercier, et il avait six enfants, dont j'étais l'aîné. En me laissant fréquenter l'école jusqu'à quinze ans, il a fait pour moi tout ce qu'il pouvait faire.

A cet âge, j'étais assez grand et assez fort pour commencer à gagner ma vie, assez instruit pour écrire une commande et faire une facture. Une place de commis était vacante dans la maison d'un drapier notre voisin ; mon père l'obtint pour moi, et je l'en remerciai mille fois depuis ; car, avec beaucoup de temps, de travail et de conduite, je devins le maître de ce beau commerce.

Vous croyez peut-être qu'à partir de ce moment j'eus plus de loisir et moins de soucis. Ce fut tout le contraire. Que de nuits sans sommeil, que de jours sans repos et sans joie pour celui qui, chargé d'un si lourd fardeau, veut faire honneur à ses affaires et préparer à ses enfants un avenir plus paisible que le sien ! Enfin, grâce à Dieu, je puis faire et je ferai de grand cœur les sacrifices nécessaires à votre instruction ; mais il dépend de vous seuls d'en profiter ou de les rendre inutiles.

— Nous en profiterons, papa, sois-en sûr, s'écria Hélène. Nous serions des méchants et des ingrats, si nous agissions autrement.

— Et vous le regretteriez plus tard, non-seulement parce que votre position ne serait pas ce qu'elle aurait pu être, mais parce que vous nous auriez fait, à votre mère et à moi, beaucoup de chagrin. Nous ne désirons rien autant que de vous voir studieux et dociles, parce que nous savons qu'on ne peut être heureux que dans le bon chemin, et que pour y marcher sûrement toute la vie, il faut y entrer dès sa jeunesse.

— Il me semble, papa, qu'en demeurant ici, je deviendrai raisonnable sans beaucoup de peine, dit Léon. Nous serons plus souvent avec toi, et je t'écouterai si bien, que tu en seras étonné.

— Moi aussi, je t'écouterai, père, ajouta Hélène, et Georges fera de même.

— C'est pourquoi, mes enfants, je désire tant qu'il ne reçoive de vous que de bons exemples.

— Hélène ne lui en a jamais donné d'autres, reprit Léon, et, je ne sais si tu l'as remarqué, papa, depuis quelque temps j'essaie d'imiter Hélène.

— Oui, mon enfant, je l'ai remarqué. Aucun des efforts que tu feras pour me contenter ne m'échappera, sois-en sûr, et plus ces efforts seront grands, plus je t'aimerai.

— Papa, je cours chercher mes livres et j'étudierai pendant que tu travailleras.

— Ma tâche est finie pour ce matin, et tu

peux, avant de te mettre à l'étude, jeter un coup d'œil sur ton jardinet.

Les petites plantes, un peu fanées la veille au soir, s'étaient relevées, et leurs feuilles, tout humides de rosée, brillaient aux premiers rayons du soleil. Hélène couvrit les siennes des pots à fleur qu'elle avait préparés pour elle et pour son frère; mais Léon n'en eut pas assez, et M. Aubry, voyant son embarras, étendit devant ces plantes trop rapprochées une grande toile, qu'il attacha au chaperon du mur et qu'il fixa en terre par deux piquets.

Léon proposa alors d'aller voir le nid; mais Hélène, craignant de ne pas savoir ses leçons, le pria d'attendre après la classe pour faire cette visite, et il y consentit de bonne grâce.

La mère était sur le nid; elle vit les deux enfants; mais, rassurée sans doute par les précautions qu'ils prenaient pour s'approcher, elle

n'en bougea pas. Le soir, ils la retrouvèrent encore ; et quand la nuit tomba, les chants du
père, partant des branches d'un haut platane,
leur prouvèrent que M. Aubry connaissait les
mœurs de ces mignons oiseaux.

Pendant plusieurs jours, l'attentive surveil-
lance du nid occupa les récréations des deux
enfants. La promesse qu'ils avaient faite de n'en
pas laisser soupçonner l'existence à Georges
doublait encore leur plaisir. Ils virent le rossignol apporter à la couveuse de grosses chenilles,
dont elle paraissait très-friande.

Ces allées et venues de l'oiseau craintif les
amusaient beaucoup ; mais quelle fut leur joie
quand ils aperçurent, se dressant autour du
nid, plusieurs petits becs, d'où sortait un léger
bruit, qui n'était ni un cri ni une chanson ! Ils
firent quelques pas en avant, et ils comptèrent
cinq petits, encore presque nus.

La mère n'était pas avec eux ; mais elle arriva bientôt à tire-d'aile, et distribua le déjeuner à ces affamés. Le père la suivait de près, apportant aussi des provisions. Il fit plusieurs voyages, puis il se retira sur le platane, en laissant les enfants émerveillés de ce qu'ils avaient vu.

Cela dura quelques jours encore ; puis les petits, couverts de plumes, se hasardèrent à descendre, en voletant avec peine. Le père et la mère les encourageaient et les soutenaient sur leurs propres ailes. Hélène et Léon les virent se faufiler entre les herbes, puis se risquer sur les basses branches d'un groseillier, retourner à terre et becqueter seuls des moucherons ou d'autres petits insectes.

Le lendemain, nos deux amis revinrent, mais le nid était vide, et les rossignols avaient disparu. Cette distraction leur manquant, ils s'occupèrent plus activement de leurs jardins, où les mauvaises herbes commençaient à pousser dru. Ils apprirent à les connaître, puis à donner une légère culture aux plantes qui, déjà toutes, avaient des feuilles nouvelles.

Ce travail terminé, Léon fit remarquer à M. Aubry que les siennes avaient grandi beaucoup, et il ne voulut pas voir qu'en s'allongeant outre mesure, elles étaient devenues grêles, tandis que celles de sa sœur commençaient à former de jolies petites touffes bien garnies. Il fut très-étonné quand elle lui montra plusieurs boutons de phlox qui laissaient percer la pointe de leurs pétales rouges, roses ou lilas, et qu'il n'en put découvrir un seul dans son jardin.

Forcé de reconnaître qu'Hélène avait eu raison d'écouter son père, il le pria de lui dire ce qu'il devait faire, et, non sans regret, il arracha toutes ces tiges menues qui se soutenaient à peine. M. Aubry lui donna d'autres plants, et la bonne Hélène, pour le consoler, repiqua elle-même, sur ce terrain dépouillé, ce qu'elle avait de plus beau.

Cependant, au bout de quelques semaines, le jardin de la fillette était plein de fleurs et celui de Léon n'en avait aucune. Celles que sa sœur lui avait données couvertes de boutons étaient jaunes et flétries; aussi, le dépit se mettant de la partie, il prétendit que son terrain ne valait rien, et qu'il avait été bien mal inspiré, quand Hélène lui avait dit de choisir entre les deux morceaux.

C'était bien à tort qu'il se plaignait. Il n'avait jamais aimé longtemps la même chose, et son jardin, dont il avait été ravi d'abord, ne lui plaisait plus du tout depuis que celui d'Héléne était si beau. Il ne l'abandonnait pas, de peur de mécontenter son père; mais, au lieu d'y travail-